金剛般若波羅蜜經

姚秦 三藏法師鳩摩羅什 譯 서암 이장환 씀

第1法會因由分

如是我聞 一時 佛 在舍衛國祇樹給
여시아문 일시 불 재사위국기수급

孤獨園 與大比丘衆 千二百五十人
고독원 여대비구중 천이백오십인

俱 爾時 世尊 食時 着衣持鉢 入
구 이시 세존 식시 착의지발 입

舍衛大城 乞食 於其城中 次第乞已
사위대성 걸식 어기성중 차제걸이

還至本處 飯食訖 收衣鉢 洗足已
환지본처 반사흘 수의발 세족이

敷座而坐 (부 좌 이 좌)

第2 善現起請分

時(시) 長老須菩提(장로수보리) 在大衆中(재대중중) 即從座起(즉종좌기)

偏袒右肩(편단우견) 右膝着地(우슬착지) 合掌恭敬(합장공경) 而(이)

白佛言(백불언) 希有世尊(희유세존) 如來善護念諸菩薩(여래선호념제보살)

善付囑諸菩薩(선부촉제보살) 世尊(세존) 善男子(선남자) 善(선)

女人 發阿耨多羅三藐三菩提心 應云
여인 발아녹다라삼먁삼보리심 응운

何住 云何降伏其心 佛言 善哉善哉
하주 운하항복기심 불언 선재선재

須菩提 如汝所說 如來 善護念諸

수보리 여여소설 여래 선호념제

菩薩 善付囑諸菩薩 汝今諦聽 當爲

보살 선부촉제보살 여금제청 당위

汝說 善男子 善女人 發阿耨多羅三

여설 선남자 선여인 발아뇩다라삼

藐三菩提心 應如是住 如是降伏其心

막삼보리심 응여시주 여시항복기심

唯然 世尊 願樂欲聞
유연 세존 원요욕문

第3大乘正宗分

佛 告須菩提 諸菩薩摩訶薩 應如是
불 고수보리 제보살마하살 응여시

降伏其心 所有一切衆生之類 若卵
항복기심 소유일체중생지류 약난

生 若胎生 若濕生 若化生 若有色 若
생 약태생 약습생 약화생 약유색 약

無色 若有想 若無想 若非有想 非無想
무색 약유상 약무상 약비유상 비무상

我皆令入無餘涅槃 而滅度之 如是
아개영입무여열반 이멸도지 여시

滅度無量無數無邊衆生 實無衆生 得
멸도무량무수무변중생 실무중생 득

滅度者 何以故 須菩提 若菩薩 有
멸도자 하이고 수보리 약보살 유

我相人相 衆生相 壽者相 即非菩薩
아상인상 중생상 수자상 즉비보살

第 4 妙行無住分

復次須菩提 菩薩 於法 應無所住

부차수보리 보살 어법 응무소주

行於布施 所謂不住色 布施 不住聲
행어보시 소위부주색 보시 부주성

香味觸法 布施 須菩提 菩薩 應如
향미촉법 보시 수보리 보살 응여

是布施 不住於相 何以故 若菩薩

시보시 부주어상 하이고 약보살

不住相布施 其福德 不可思量 須菩

부주상보시 기복덕 불가사량 수보

提 於意云何 東方虛空 可思量不
리 어의운하 동방허공 가사량부

不也 世尊 須菩提 南西北方 四維
불야 세존 수보리 남서북방 사유

上下虛空 可思量不 不也 世尊 須
상하허공 가사량부 불야 세존 수

菩提 菩薩 無住相布施福德 亦復如
보리 보살 무주상보시복덕 역부여

是 不可思量 須菩提 菩薩 但應如
시 불가사량 수보리 보살 단응여

所教住
소교주

第5 如理實見分

須菩提 於意云何 可以身相 見如來

수보리 어의운하 가이신상 견여래

不 不也 世尊 不可以身相 得見如

부 불야 세존 불가이신상 득견여

來 何以故 如來所說身相 即非身相

래 하이고 여래소설신상 즉비신상

佛 告須菩提 凡所有相 皆是虛妄
불 고수보리 범소유상 개시허망

若見諸相非相 即見如來
약견제상비상 즉견여래

第6正信希有分

須菩提(수보리) 白佛言(백불언) 世尊(세존) 頗有衆生(파유중생) 得(득)

聞如是 言說章句 生實信不 佛告須

문여시 언설장구 생실신부 불고수

菩提 莫作是說 如來滅後 後五百歲

보리 막작시설 여래멸후 후오백세

有持戒修福者 於此章句 能生信心
유지계수복자 어차장구 능생신심

以此爲實 當知是人 不於一佛二佛
이차위실 당지시인 불어일불이불

三四五佛 而種善根 已於無量 千萬
삼사오불 이종선근 이어무량 천만

佛所 種諸善根 聞是章句 乃至一念
불소 종제선근 문시장구 내지일념

生淨信者 須菩提 如來 悉知悉見
생정신자 수보리 여래 실지실견

是諸衆生 得如是無量福德 何以故
시제중생 득여시무량복덕 하이고

是諸衆生 無復我相人相衆生相壽者相
시제중생 무부아상인상중생상수자상

無法相 亦無非法相 何以故 是諸
무법상 역무비법상 하이고 시제

衆生(중생) 若心取相(약심취상) 即爲着我人衆生壽者(즉위착아인중생수자)

若取法相(약취법상) 即着我人衆生壽者(즉착아인중생수자) 何以(하이)

故(고) 若取非法相(약취비법상) 即着我人衆生壽者(즉착아인중생수자)

是故(시고) 不應取法(불응취법) 不應取非法(불응취비법) 以是義(이시의)

故 如來常說 汝等比丘 知我說法
고 여래상설 여등비구 지아설법

如筏喩者 法尙應捨 何況非法
여벌유자 법상응사 하황비법

第 7 無得無說分

須菩提 於意云何 如來得阿耨多羅三

수보리 어의운하 여래득아뇩다라삼

藐三菩提耶 如來有所說法耶 須菩提
막삼보리야 여래유소설법야 수보리

言 如我解佛所說義 無有定法 名阿
언 여아해불소설의 무유정법 명아

耨多羅三藐三菩提 亦無有定法 如來
뇩다라삼먁삼보리 역무유정법 여래

可說 何以故 如來所說法 皆不可取
가설 하이고 여래소설법 개불가취

不可說 非法 非非法 所以者何
불가설 비법 비비법 소이자하

一切賢聖 皆以無爲法 而有差別
일체현성 개이무위법 이유차별

第8依法出生分

須菩提 於意云何 若人 滿三千大千
수보리 어의운하 약인 만삼천대천

世界七寶 以用布施 是人 所得福德
세계칠보 이용보시 시인 소득복덕

寧爲多不 須菩提言 甚多 世尊
영위다부 수보리언 심다 세존

何以故 是福德 即非福德性 是故
하이고 시복덕 즉비복덕성 시고

如來說福德多 若復有人 於此經中
여래설복덕다 약부유인 어차경중

受持乃至四句偈等 爲他人說 其福
수지내지사구게등 위타인설 기복

勝彼 何以故 須菩提 一切諸佛 及
승피 하이고 수보리 일체제불 급

諸佛 阿耨多羅三藐三菩提法 皆從此
제불 아뇩다라삼먁삼보리법 개종차

經出 須菩提 所謂佛法者 即非佛法
경출 수보리 소위불법자 즉비불법

第9 一相無相分

須菩提 於意云何 須陀洹 能作是念
수보리 어의운하 수다원 능작시념

我得須陀洹果不 須菩提言 不也
아득수다원과부 수보리언 불야

世尊 何以故 須陀洹 名爲入流 而
세존 하이고 수다원 명위입류 이

無所入 不入色聲香味觸法 是名須陀
무소입 불입색성향미촉법 시명수다

洹 須菩提 於意云何 斯陀含 能作
원 수보리 어의운하 사다함 능작

是念 我得斯陀含果不 須菩提言 不

시념 아득사다함과부 수보리언 불

也 世尊 何以故 斯陀含 名一往來

야 세존 하이고 사다함 명일왕래

而實無往來 是名斯陀含 須菩提

이실무왕래 시명사다함 수보리

於意云何 阿那含 能作是念 我得阿

어의운하 아나함 능작시념 아득아

那含果不 須菩提言 不也 世尊 何
나함과부 수보리언 불야 세존 하

以故 阿那含 名爲不來 而實無不來
이고 아나함 명위불래 이실무불래

是故 名阿那含 須菩提 於意云何
시고 명아나함 수보리 어의운하

阿羅漢 能作是念 我得阿羅漢道不
아라한 능작시념 아득아라한도부

須菩提言 不也 世尊 何以故 實
수보리언 불야 세존 하이고 실

無有法 名阿羅漢 世尊 若阿羅漢
무유법 명아라한 세존 약아라한

作是念 我得阿羅漢道 即爲着我人衆
작시념 아득아라한도 즉위착아인중

生壽者 世尊 佛說我得無諍三昧人
생수자 세존 불설아득무쟁삼매인

中 最爲第一 是第一離欲阿羅漢

중 최위제일 시제일이욕아라한

世尊 我不作是念 我是離欲阿羅漢

세존 아부작시념 아시이욕아라한

世尊 我若作是念 我得阿羅漢道 世
세존 아약작시념 아득아라한도 세

尊 即不說須菩提 是樂阿蘭那行者
존 즉불설수보리 시요아란나행자

以須菩提 實無所行 而名須菩提 是
이수보리 실무소행 이명수보리 시

樂阿蘭那行
요아란나행

第10 莊嚴淨土分

佛告須菩提 於意云何 如來 昔在燃

불고수보리 어의운하 여래 석재연

燈佛所 於法 有所得不 不也 世尊
등불소 어법 유소득부 불야 세존

如來在燃燈佛所 於法 實無所得
여래재연등불소 어법 실무소득

須菩提 於意云何 菩薩 莊嚴佛土不
수보리 어의운하 보살 장엄불토부

不也 世尊 何以故 莊嚴佛土者
불야 세존 하이고 장엄불토자

即非莊嚴 是名莊嚴 是故 須菩提
즉비장엄 시명장엄 시고 수보리

諸菩薩摩訶薩 應如是生淸淨心 不應
제보살마하살 응여시생청정심 불응

住色生心 不應住聲香味觸法生心 應

주색생심 불응주성향미촉법생심 응

無所住 而生其心 須菩提 譬如有人

무소주 이생기심 수보리 비여유인

身如須彌山王 於意云何 是身爲
신여수미산왕 어의운하 시신위

大不 須菩提言 甚大 世尊 何以故
대부 수보리언 심대 세존 하이고

佛說非身 是名大身
불설비신 시명대신

第11 無爲福勝分

須菩提 如恒河中所有沙數 如是沙等
수보리 여항하중소유사수 여시사등

恒河 於意云何 是諸恒河沙 寧爲多
항하 어의운하 시제항하사 영위다

不 須菩提言 甚多 世尊 但諸恒河
부 수보리언 심다 세존 단제항하

尙多無數 何況其沙 須菩提 我今
상다무수 하황기사 수보리 아금

實言 告汝 若有善男子 善女人 以
실언 고여 약유선남자 선여인 이

七寶 滿爾所恒河沙數三千大千世界
칠보 만이소항하사수삼천대천세계

以用布施 得福 多不 須菩提言 甚

이용보시 득복 다부 수보리언 심

多 世尊 佛告須菩提 若善男子善女

다 세존 불고수보리 약선남자선여

人 於此經中 乃至受持四句偈等
인 어차경중 내지수지사구게등

爲他人說 而此福德 勝前福德
위타인설 이차복덕 승전복덕

第12尊重正敎分

復次須菩提 隨說是經 乃至四句偈等

부차수보리 수설시경 내지사구게등

當知此處 一切世間天人阿修羅 皆

당지차처 일체세간천인아수라 개

應供養 如佛塔廟 何況有人盡能受持

응공양 여불탑묘 하황유인진능수지

讀誦 須菩提 當知 是人 成就最上

독송 수보리 당지 시인 성취최상

第一希有之法 若是經典所在之處

제일희유지법 약시경전소재지처

即爲有佛 若尊重弟子
즉위유불 약존중제자

第13 如法受持分

爾時 須菩提 白佛言 世尊 當何名
(이시 수보리 백불언 세존 당하명)

此經 我等 云何奉持 佛告須菩提
(차경 아등 운하봉지 불고수보리)

是經 名爲金剛般若波羅蜜 以是名字
시경 명위금강반야바라밀 이시명자

汝當奉持 所以者何 須菩提 佛說
여당봉지 소이자하 수보리 불설

般若波羅蜜 即非般若波羅蜜 是名般
반야바라밀 즉비반야바라밀 시명반

若波羅蜜 須菩提 於意云何 如來有
야바라밀 수보리 어의운하 여래유

所說法不 須菩提 白佛言 世尊 如
소설법부 수보리 백불언 세존 여

來無所說 須菩提 於意云何 三千大
래무소설 수보리 어의운하 삼천대

千世界 所有微塵 是爲多不 須菩提
천세계 소유미진 시위다부 수보리

言 甚多 世尊 須菩提 諸微塵 如
언 심다 세존 수보리 제미진 여

來說非微塵 是名微塵 如來說世界

래설비미진 시명미진 여래설세계

非世界 是名世界 須菩提 於意云何

비세계 시명세계 수보리 어의운하

可以三十二相 見如來不 不也 世尊
가이삼십이상 견여래부 불야 세존

不可以三十二相 得見如來 何以故
불가이삼십이상 득견여래 하이고

如來說 三十二相 卽是非相 是名
여래설 삼십이상 즉시비상 시명

三十二相 須菩提 若有善男子善女
삼십이상 수보리 약유선남자선여

人 以恒河沙等身命 布施 若復有人

인 이항하사등신명 보시 약부유인

於此經中 乃至受持四句偈等 爲他

어차경중 내지수지사구게등 위타

人說 其福 甚多
인설 기복 심다

第14 離相寂滅分

爾時(이시) 須菩提(수보리) 聞說是經(문설시경) 深解義趣(심해의취)

涕淚悲泣(체루비읍) 而白佛言(이백불언) 希有世尊(희유세존) 佛說(불설)

如是甚深經典 我從昔來所得慧眼 未
여시심심경전 아종석래소득혜안 미

曾得聞如是之經 世尊 若復有人 得
증득문여시지경 세존 약부유인 득

聞是經 信心淸淨 卽生實相 當知是
문시경 신심청정 즉생실상 당지시

人 成就第一希有功德 世尊 是實相
인 성취제일희유공덕 세존 시실상

者 即是非相 是故 如來說名實相
자 즉시비상 시고 여래설명실상

世尊 我今得聞如是經典 信解受持
세존 아금득문여시경전 신해수지

不足爲難 若當來世 後五百歲 其
부족위난 약당래세 후오백세 기

有衆生 得聞是經 信解受持 是人
유중생 득문시경 신해수지 시인

即爲第一希有 何以故 此人無我相
즉 위 제 일 희 유 하 이 고 차 인 무 아 상

無人相 無衆生相 無壽者相 所以者
무 인 상 무 중 생 상 무 수 자 상 소 이 자

何(하) 我相(아상) 即是非相(즉시비상) 人相衆生相壽者(인상중생상수자)

相(상) 即是非相(즉시비상) 何以故(하이고) 離一切諸相(이일체제상)

即名諸佛 佛告須菩提 如是如是
즉명제불 불고수보리 여시여시

若復有人 得聞是經 不驚不怖不畏
약부유인 득문시경 불경불포불외

當知是人 甚爲希有 何以故 須菩提
당지시인 심위희유 하이고 수보리

如來說第一波羅蜜 即非第一波羅蜜
여래설제일바라밀 즉비제일바라밀

是名第一波羅蜜 須菩提 忍辱波羅蜜
시명제일바라밀 수보리 인욕바라밀

如來說非忍辱波羅蜜 是名忍辱波羅
여래설비인욕바라밀 시명인욕바라

蜜 何以故 須菩提 如我昔爲歌利王

밀 하이고 수보리 여아석위가리왕

割截身體 我於爾時 無我相 無人

할절신체 아어이시 무아상 무인

相 無衆生相 無壽者相 何以故
상 무중생상 무수자상 하이고

我於往昔節節支解時 若有我相人相衆
아어왕석절절지해시 약유아상인상중

生相壽者相 應生嗔恨 須菩提 又念
생상수자상 응생진한 수보리 우념

過去於五百世 作忍辱仙人 於爾所世
과거어오백세 작인욕선인 어이소세

無我相 無人相 無衆生相 無壽者
무아상 무인상 무중생상 무수자

相 是故 須菩提 菩薩應離一切相
상 시고 수보리 보살응리일체상

發阿耨多羅三藐三菩提心 不應住色
발아뇩다라삼먁삼보리심 불응주색

生心 不應住聲香味觸法生心 應生
생심 불응주성향미촉법생심 응생

無所住心 若心有住 即爲非住 是故

무소주심 약심유주 즉위비주 시고

佛說菩薩心 不應住色布施 須菩提

불설보살심 불응주색보시 수보리

菩薩 爲利益一切衆生 應如是布施
보살 위이익일체중생 응여시보시

如來說一切諸相 卽是非相 又說一
여래설일체제상 즉시비상 우설일

切衆生 即非衆生 須菩提 如來是

체중생 즉비중생 수보리 여래시

眞語者 實語者 如語者 不誑語者

진어자 실어자 여어자 불광어자

不異語者 須菩提 如來所得法 此法

불이어자 수보리 여래소득법 차법

無實無虛 須菩提 若菩薩 心住於法

무실무허 수보리 약보살 심주어법

而行布施 如人入闇 即無所見
이행보시 여인입암 즉무소견

若菩薩 心不住法 而行布施 如人有
약보살 심부주법 이행보시 여인유

目 日光明照 見種種色 須菩提 當

목 일광명조 견종종색 수보리 당

來之世 若有善男子善女人 能於此經

내지세 약유선남자선여인 능어차경

受持讀誦 即爲如來以佛智慧 悉知
수지독송 즉위여래이불지혜 실지

是人 悉見是人 皆得成就無量無邊
시인 실견시인 개득성취무량무변

功德 (공덕)

第15 持經功德分

須菩提 若有善男子善女人 初日分
수보리 약유선남자선여인 초일분

以恒河沙等身 布施 中日分 復以恒
이항하사등신 보시 중일분 부이항

河沙等身 布施 後日分 亦以恒河沙
하사등신 보시 후일분 역이항하사

等身 布施 如是無量百千萬億劫 以
등신 보시 여시무량백천만억겁 이

身布施 若復有人 聞此經典 信心不
신보시 약부유인 문차경전 신심불

逆 其福 勝彼 何況書寫受持讀誦
역 기복 승피 하황서사수지독송

爲人解說 須菩提 以要言之 是經

위인해설 수보리 이요언지 시경

有不可思議不可稱量無邊功德 如來爲

유불가사의불가칭량무변공덕 여래위

發大乘者說 爲發最上乘者說 若有人
발대승자설 위발최상승자설 약유인

能受持讀誦 廣爲人說 如來 悉知
능수지독송 광위인설 여래 실지

是人 悉見是人 皆得成就不可量不可
시인 실견시인 개득성취불가량불가

稱無有邊不可思議功德 如是人等 即
칭무유변불가사의공덕 여시인등 즉

爲荷擔如來阿耨多羅三藐三菩提 何以
위하담여래아뇩다라삼먁삼보리 하이

故 須菩提 若樂小法者 着我見人見
고 수보리 약요소법자 착아견인견

衆生見壽者見 即於此經 不能聽受讀
중생견수자견 즉어차경 불능청수독

誦 爲人解說 須菩提 在在處處 若
송 위인해설 수보리 재재처처 약

有此經 一切世間天人阿修羅 所應供
유차경 일체세간천인아수라 소응공

養 當知此處 卽爲是塔 皆應恭敬
양 당지차처 즉위시탑 개응공경

作禮圍繞 以諸華香 而散其處

작례위요 이제화향 이산기처

第16 能淨業障分

復次 須菩提 善男子 善女人 受持讀
부차 수보리 선남자 선여인 수지독

誦此經 若爲人輕賤 是人 先世罪業
송차경 약위인경천 시인 선세죄업

應墮惡道 以今世人 輕賤故 先世
응타악도 이금세인 경천고 선세

罪業 卽爲消滅 當得阿耨多羅三藐三
죄업 즉위소멸 당득아뇩다라삼먁삼

菩提 須菩提 我念過去無量阿僧祇劫
보리 수보리 아념과거무량아승지겁

於燃燈佛前 得値八百四千萬億那由
어연등불전 득치팔백사천만억나유

他諸佛 悉皆供養承事 無空過者 若
타재불 실개공양승사 무공과자 약

復有人 於後末世 能受持讀誦此經
부유인 어후말세 능수지독송차경

所得功德 於我所供養諸佛功德 百分

소득공덕 어아소공양제불공덕 백분

不及一 千萬億分 乃至算數譬喩 所

불급일 천만억분 내지산수비유 소

不能及 須菩提 若善男子善女人 於
불능급 수보리 약선남자선여인 어

後末世 有受持讀誦此經 所得功德
후말세 유수지독송차경 소득공덕

我若具說者 或有人聞 心即狂亂
아약구설자 혹유인문 심즉광란

狐疑不信 須菩提 當知 是經
호의불신 수보리 당지 시경

義 不可思議 果報 亦不可思議
의 불가사의 과보 역불가사의

第17 究竟無我分

이시 수보리 백불언 세존 선남자

爾時 須菩提 白佛言 世尊 善男子

선여인 발아뇩다라삼먁삼보리심 운

善女人 發阿耨多羅三藐三菩提心 云

何應住 云何降伏其心 佛告須菩提
하응주 운하항복기심 불고수보리

若善男子善女人 發阿耨多羅三藐三菩
약선남자선여인 발아뇩다라삼먁삼보

提心者 當生如是心 我應滅度一切衆

리심자 당생여시심 아응멸도일체중

生 滅度一切衆生已 而無有一衆生

생 멸도일체중생이 이무유일중생

實滅度者 何以故 須菩提 若菩薩

실멸도자 하이고 수보리 약보살

有我相人相衆生相壽者相 即非菩薩

유아상인상중생상수자상 즉비보살

所以者何 須菩提 實無有法 發阿
소이자하 수보리 실무유법 발아

耨多羅三藐三菩提心者 須菩提 於意
녹다라삼먁삼보리심자 수보리 어의

云何 如來 於燃燈佛所 有法得阿耨

운하 여래 어연등불소 유법득아뇩

多羅三藐三菩提不 不也 世尊 如我

다라삼약삼보리부 불야 세존 여아

解佛所說義 佛於燃燈佛所 無有法

해불소설의 불어연등불소 무유법

得阿耨多羅三藐三菩提 佛言 如是如

득아뇩다라삼먁삼보리 불언 여시여

是 須菩提 實無有法 如來得阿耨多
시 수보리 실무유법 여래득아뇩다

羅三藐三菩提 須菩提 若有法 如來
라삼먁삼보리 수보리 약유법 여래

得阿耨多羅三藐三菩提者 燃燈佛即
득아뇩다라삼먁삼보리자 연등불즉

不與我授記 汝於來世 當得作佛 號
불여아수기 여어내세 당득작불 호

釋迦牟尼 以實無有法 得阿耨多羅三
석가모니 이실무유법 득아녹다라삼

藐三菩提 是故 燃燈佛 與我授記
먁삼보리 시고 연등불 여아수기

作是言 汝於來世 當得作佛 號釋迦

작시언 여어내세 당득작불 호석가

牟尼 何以故 如來者 卽諸法如義

모니 하이고 여래자 즉제법여의

若有人 言如來得阿耨多羅三藐三菩

약유인 언여래득아뇩다라삼막삼보

提 須菩提 實無有法 佛得阿耨多羅

리 수보리 실무유법 불득아뇩다라

三藐三菩提 須菩提 如來所得阿耨多

삼 먁 삼 보 리 수 보 리 여 래 소 득 아 뇩 다

羅三藐三菩提 於是中 無實無虛 是

라 삼 먁 삼 보 리 어 시 중 무 실 무 허 시

故 如來說一切法 皆是佛法 須菩
고 여래설일체법 개시불법 수보

提 所言一切法者 即非一切法 是故
리 소언일체법자 즉비일체법 시고

名一切法 須菩提 譬如人身長大

명일체법 수보리 비여인신장대

須菩提言 世尊 如來說人身長大卽

수보리언 세존 여래설인신장대즉

爲非大身 是名大身 須菩提 菩薩
위비대신 시명대신 수보리 보살

亦如是 若作是言 我當滅度無量衆生
역여시 약작시언 아당멸도무량중생

即不名菩薩 何以故 須菩提 實無
즉불명보살 하이고 수보리 실무

有法 名爲菩薩 是故 佛說一切法
유법 명위보살 시고 불설일체법

無我無人無衆生無壽者 須菩提 若菩
무아무인무중생무수자 수보리 약보

薩 作是言 我當莊嚴佛土 是不名菩
살 작시언 아당장엄불토 시불명보

薩 何以故 如來說莊嚴佛土者 即非
살 하이고 여래설장엄불토자 즉비

莊嚴 是名莊嚴 須菩提 若菩薩
장엄 시명장엄 수보리 약보살

通達無我法者 如來說名眞是菩薩
동달무아법자 여래설명진시보살

第18 一體同觀分

須菩提 於意云何 如來有肉眼不 如
수보리 어의운하 여래유육안부 여

是 世尊 如來有肉眼 須菩提 於意
시 세존 여래유육안 수보리 어의

云何 如來有天眼不 如是 世尊 如
운하 여래유천안부 여시 세존 여

來有天眼 須菩提 於意云何 如來有
래유천안 수보리 어의운하 여래유

慧眼不 如是 世尊 如來有慧眼 須
혜안부 여시 세존 여래유혜안 수

菩提 於意云何 如來有法眼不 如是
보리 어의운하 여래유법안부 여시

世尊(세존) 如來有法眼(여래유법안) 須菩提(수보리) 於意云何(어의운하)

如來有佛眼不(여래유불안부) 如是(여시) 世尊(세존) 如來(여래)

有佛眼 須菩提 於意云何 如恒河中
유불안 수보리 어의운하 여항하중

所有沙 佛說是沙不 如是 世尊 如
소유사 불설시사부 여시 세존 여

來說是沙 須菩提 於意云何 如一恒
래설시사 수보리 어의운하 여일항

河中所有沙 有如是沙等恒河 是諸恒
하중소유사 유여시사등항하 시제항

河所有沙數 佛世界 如是 寧爲多不
하소유사수 불세계 여시 영위다부

甚多 世尊 佛告須菩提 爾所國土
심다 세존 불고수보리 이소국토

中 所有衆生 若干種心 如來悉知
중 소유중생 약간종심 여래실지

何以故 如來說諸心 皆爲非心 是名
하이고 여래설제심 개위비심 시명

爲心 所以者何 須菩提 過去心

위심 소이자하 수보리 과거심

不可得 現在心 不可得 未來心

불가득 현재심 불가득 미래심

不可得(불가득)

第19法界通化分

須菩提 於意云何 若有人 滿三千大
수보리 어의운하 약유인 만삼천대

千世界七寶 以用布施 是人 以是因
천세계칠보 이용보시 시인 이시인

緣 得福多不 如是 世尊 此人 以
연 득복다부 여시 세존 차인 이

是因緣 得福甚多 須菩提 若福德
시인연 득복심다 수보리 약복덕

有實 如來不說得福德多 以福德無
유실 여래불설득복덕다 이복덕무

故 如來說得福德多
고 여래설득복덕다

第20離色離相分

須菩提 於意云何 佛 可以具足色身

수보리 어의운하 불 가이구족색신

見不 不也 世尊 如來 不應以具

견부 불야 세존 여래 불응이구

足色身 見 何以故 如來說具足色身

족색신 견 하이고 여래설구족색신

即非具足色身 是名具足色身 須
즉비구족색신 시명구족색신 수

菩提 於意云何 如來 可以具足諸相
보리 어의운하 여래 가이구족제상

見不 不也 世尊 如來 不應以具
견부 불야 세존 여래 불응이구

足諸相 見 何以故 如來說諸相具足
족제상 견 하이고 여래설제상구족

即非具足 是名諸相具足
즉비구족 시명제상구족

第21 非說所說分

須菩提 汝勿謂如來作是念 我當有所

수보리 여물위여래작시념 아당유소

說法 莫作是念 何以故 若人 言

설법 막작시념 하이고 약인 언

如來有所說法 即爲謗佛 不能解我所

여래유소설법 즉위방불 불능해아소

說故 須菩提 說法者 無法可說 是

설고 수보리 설법자 무법가설 시

名說法 爾時 慧命須菩提 白佛言
명설법 이시 혜명수보리 백불언

世尊 頗有衆生 於未來世 聞說是法
세존 파유중생 어미래세 문설시법

生信心不 佛言 須菩提 彼非衆生

생신심부 불언 수보리 피비중생

非不衆生 何以故 須菩提 衆生衆

비불중생 하이고 수보리 중생중

生者 如來說非衆生 是名衆生
생자 여래설비중생 시명중생

第 22 無法可得分

須菩提 白佛言 世尊 佛 得阿耨多
수보리 백불언 세존 불 득아뇩다

羅三藐三菩提 爲無所得耶 佛言 如
라삼막삼보리 위무소득야 불언 여

是如是 須菩提 我於阿耨多羅三藐三

시여시 수보리 아어아녹다라삼막삼

菩提 乃至無有少法可得 是名阿耨

보리 내지무유소법가득 시명아녹

多羅三藐三菩提
다라삼먁삼보리

第23 淨心行善分

부차수보리 시법 평등 무유고하
復次須菩提 是法 平等 無有高下

시명아뇩다라삼먁삼보리 이무아무인
是名阿耨多羅三藐三菩提 以無我無人

無衆生無壽者 修一切善法 卽得阿耨
무중생무수자 수일체선법 즉득아뇩

多羅三藐三菩提 須菩提 所言善法者
다라삼먁삼보리 수보리 소언선법자

如來說即非善法 是名善法
여래설즉비선법 시명선법

第24 福智無比分

須菩提 若三千大千世界中 所有諸須
수보리 약삼천대천세계중 소유제수

彌山王 如是等七寶聚 有人 持用布
미산왕 여시등칠보취 유인 지용보

施 若人 以此般若波羅蜜經 乃至四

시 약인 이차반야바라밀경 내지사

句偈等 受持讀誦 爲他人說 於前福

구게등 수지독송 위타인설 어전복

德 百分 不及一 百千萬億分 乃至
덕 백분 불급일 백천만억분 내지

算數譬喩 所不能及
산수비유 소불능급

第25 化無所化分

須菩提 於意云何 汝等 勿謂如來作

수보리 어의운하 여등 물위여래작

是念 我當度衆生 須菩提 莫作是念

시념 아당도중생 수보리 막작시념

何以故 實無有衆生 如來度者 若

하이고 실무유중생 여래도자 약

有衆生 如來度者 如來即有我人衆生

유중생 여래도자 여래즉유아인중생

壽者 須菩提 如來說有我者 即非有

수자 수보리 여래설유아자 즉비유

我 而凡夫之人 以爲有我 須菩提

아 이범부지인 이위유아 수보리

凡夫者 如來說即非凡夫 是名凡夫

범부자 여래설즉비범부 시명범부

第26 法身非相分

須菩提 於意云何 可以三十二相觀
수보리 어의운하 가이삼십이상관

如來不 須菩提言 如是如是 以三十
여래부 수보리언 여시여시 이삼십

二相 觀如來 佛言 須菩提 若以三
이상 관여래 불언 수보리 약이삼

十二相 觀如來者 轉輪聖王 即是如

십이상 관여래자 전륜성왕 즉시여

來 須菩提 白佛言 世尊 如我解佛

래 수보리 백불언 세존 여아해불

所說義 不應以三十二相 觀如來爾
소설의 불응이삼십이상 관여래이

時 世尊 而說偈言
시 세존 이설게언

若以色見我 以音聲求我

약이색견아 이음성구아

是人行邪道 不能見如來

시인행사도 불능견여래

第27 無斷無滅分

須菩提 汝若作是念 如來不以具足相

수보리 여약작시념 여래불이구족상

故 得阿耨多羅三藐三菩提 須菩提

고 득아녹다라삼먁삼보리 수보리

莫作是念 如來 不以具足相故 得阿

막작시념 여래 불이구족상고 득아

耨多羅三藐三菩提 須菩提 汝若作是
녹다라삼먁삼보리 수보리 여약작시

念 發阿耨多羅三藐三菩提心者 說諸
념 발아녹다라삼먁삼보리심자 설제

法斷滅 莫作是念 何以故 發阿耨多
법단멸 막작시념 하이고 발아녹다

羅三藐三菩提心者 於法 不說斷滅相
라삼막삼보리심자 어법 불설단멸상

第28 不受不貪分

須菩提 若菩薩 以滿恒河沙等世界七
수보리 약보살 이만항하사등세계칠

寶 持用布施 若復有人 知一切法無

보 지용보시 약부유인 지일체법무

我 得成於忍 此菩薩 勝前菩薩 所

아 득성어인 차보살 승전보살 소

得功德 何以故 須菩提 以諸菩薩
득공덕 하이고 수보리 이제보살

不受福德故 須菩提 白佛言 世尊
불수복덕고 수보리 백불언 세존

云何菩薩 不受福德 須菩提 菩薩

운하보살 불수복덕 수보리 보살

所作福德 不應貪着 是故

소작복덕 불응탐착 시고

說不受福德
설 불 수 복 덕

第29 威儀寂靜分

須菩提 若有人 言 如來若來若去
수보리 약유인 언 여래약래약거

若坐若臥 是人 不解我 所說義 何
약좌약와 시인 불해아 소설의 하

以故 如來者 無所從來 亦無所去
(이고 여래자 무소종래 역무소거)

故名如來
(고명여래)

第30 一合理相分

須菩提 若善男子善女人 以三千大千

수보리 약선남자선여인 이삼천대천

世界 碎爲微塵 於意云何 是微塵衆
세계 쇄위미진 어의운하 시미진중

寧爲多不 須菩提言 甚多 世尊
영위다부 수보리언 심다 세존

何以故 若是微塵衆 實有者 佛即不

하이고 약시미진중 실유자 불즉불

說是微塵衆 所以者何 佛說微塵衆

설시미진중 소이자하 불설미진중

即非微塵衆 是名微塵衆 世尊 如來

즉비미진중 시명미진중 세존 여래

所說 三千大千世界 卽非世界 是名世

소설 삼천대천세계 즉비세계 시명세

界 何以故 若世界 實有者 即是一

계 하이고 약세계 실유자 즉시일

合相 如來說一合相 即非一合相 是

합상 여래설일합상 즉비일합상 시

名一合相 須菩提 一合相者 卽是

명일합상 수보리 일합상자 즉시

不可說 但凡夫之人 貪着其事

불가설 단범부지인 탐착기사

第 31 知見不生分

須菩提 若人 言 佛說我見人見衆生
수보리 약인 언 불설아견인견중생

見壽者見 須菩提 於意云何 是人
견수자견 수보리 어의운하 시인

解我所說義不 不也 世尊 是人 不
해아소설의부 불야 세존 시인 불

解如來所說義 何以故 世尊 說我見
해여래소설의 하이고 세존 설아견

人見衆生見壽者見 即非我見人見衆生
인견중생견수자견 즉비아견인견중생

見壽者見 是名我見人見衆生見壽者見

견수자견 시명아견인견중생견수자견

須菩提 發阿耨多羅三藐三菩提心者

수보리 발아녹다라삼먁삼보리심자

於一切法 應如是知 如是見 如是
어일체법 응여시지 여시견 여시

信解 不生法相 須菩提 所言法相者
신해 불생법상 수보리 소언법상자

如來說即非法相 是名法相

여래설즉비법상 시명법상

第32 應化非眞分

須菩提 若有人 以滿無量阿僧祇世界
수보리 약유인 이만무량아승지세계

七寶 持用布施 若有善男子善女人
칠보 지용보시 약유선남자선여인

發菩薩心者 持於此經 乃至四句偈等
발보살심자 지어차경 내지사구게등

受持讀誦 爲人演說 其福 勝彼
수지독송 위인연설 기복 승피

云何爲人演說 不取於相 如如不動
운하위인연설 불취어상 여여부동

何以故
하이고

一切有爲法 如夢幻泡影
일체유위법 여몽환포영

如露亦如電 應作如是觀
여로역여전 응작여시관

佛說是經已 長老須菩提 及諸比丘比

불설시경이 장로수보리 급제비구비

丘尼 優婆塞優婆夷一切世間天人阿

구니 우바새우바이일체세간천인아

修羅 聞佛所說 皆大歡喜 信受
수라 문불소설 개대환희 신수

奉行
봉행

金剛般若波羅蜜經

서암 이장환 씀

이 장 환

(호: 서암 · 별밭)

1955년 경북 안동에서 나고 자랐으며, 초등학교 시절부터 붓글씨를 썼다. 가학으로 글씨를 배워 고교 2학년 때 안동문화회관에서 개인전을 열었다. 성균관대학교 교육대학원에서 한문교육을 전공하였고 서예가의 길로 들어서서는 유천 이동익 선생께 사사받았다.

삼십 대 중반부터 공모전에 도전하여 사십 대 초반까지, 추사 휘호대회 1등(1990), KBS 전국 휘호대회 대상(1992), 대한민국 서예대전 대상(미술문화원 주최, 1992), 대한민국 미술대전 특선 3회(한국미협 주최, 1994, 1995, 1996), 동아미술제 대상(1997)을 받았다. 그리고 오십 대에 들어서서 2007년 9월에 서울 운현궁 SK HUB 1층 미술관에서 개인전을 열었다.

그동안 줄곧 개인 서예실을 열어 서예를 가르쳐왔고, 정부종합청사, 동화은행, 국민은행, 전국경제인연합회 등에서 취미반을 가르치기도 했으며, 성균관대학교에서 서예지도법 겸임교수로 활동해왔다. 예순 살을 맞이하면서는 일체의 활동을 중지하고 절대적인 개인 시간을 확보하여 새로운 각오로 작품에 오롯이 정진하고 있다.

******

금강경 한문을 서암 이장환 선생님이 한 줄 한 줄
직독직해한 PDF 파일을 도반 홈페이지에서
무료로 다운 받으실 수 있습니다.

******

따라 쓰는 금강경

발행　2018년11월 11일

글쓴이　서암 이장환

펴낸곳　도서출판 도반
펴낸이　이상미
편집　김광호, 이상미
대표전화　031-465-1285
이메일　dobanbooks@naver.com
홈페이지　http://dobanbooks.co.kr
주소　경기도 안양시 만안구 안양로 332번길 32